AF250891

LA POLITIQUE

DE LA

VIE A BON MARCHÉ

CONFÉRENCE

FAITE A LYON, AU THÉATRE DES CÉLESTINS

LE 7 JUIN 1885

PAR

A. BURDEAU

PROFESSEUR DE PHILOSOPHIE AU LYCÉE LOUIS-LE-GRAND

LYON

TYPOGRAPHIE ET LITHOGRAPHIE J. GALLET

Rue de la Poulaillerie, 2.

1885

LA POLITIQUE

DE LA

VIE A BON MARCHÉ

CONFÉRENCE

FAITE A LYON, AU THÉATRE DES CÉLESTINS

LE 7 JUIN 1885

PAR

A. BURDEAU

PROFESSEUR DE PHILOSOPHIE AU LYCÉE LOUIS-LE-GRAND

LYON

TYPOGRAPHIE ET LITHOGRAPHIE J. GALLET
Rue de la Poulaillerie, 2.
—
1885

CONFÉRENCE

DE

M. BURDEAU

A LYON, LE 7 JUIN 1885

Mesdames, mes chers Concitoyens,

C'est un axiome qu'on entend trop répéter depuis plusieurs années et qu'on finira par croire, qu'en matière de finances, la République ne doit pas avoir de politique à elle. Lorsqu'au début de la législation qui finit, le pouvoir fut imposé à un homme qui avait annoncé de longue main le projet d'établir l'impôt sur des bases plus démocratiques, en le faisant peser moins sur les consommations et plus sur les revenus, et le projet de soumettre à un sévère examen les monopoles créés par les régimes déchus, — on vit soudain surgir un parti nouveau, le parti de la République sans finances républicaines. A la tête de ce parti se trouvait un financier, habile homme au moins autant que républicain, qui sut dans ses votes au Sénat concilier son amour pour la République avec son profond respect pour les prétendants désireux de la détruire, de même qu'il réussit à accorder ses devoirs de ministre des finances avec ses obligations d'administrateur de la Compagnie du Nord, et à défendre alternativement les intérêts de l'État et les intérêts de ses concurrents et adversaires : J'ai nommé M. Léon Say.

La République sans finances républicaines.

Dans un article de revue, qui fut publié au moment même où la chûte de Gambetta parut résolue, à l'heure où se posaient les candidatures à sa succession, M. Léon Say se récriait contre les profanes qui prétendaient introduire jusque dans le budget un esprit démocratique : « Il n'y a pas, disait-il, deux sortes de finances, pas plus qu'il n'y a deux sortes de comptabilité. Un budget n'est pas républicain ou anti-républicain, il est en équilibre ou il est en déficit. Seulement il se trouve que la plupart do nos grands démocrates n'entendent rien à l'art d'équilibrer un budget : qu'ils abandonnent donc cette tâche à de plus compétents ! Le Palais Bourbon leur appartient; qu'ils laissent à d'autres le ministère qui loge au Louvre ! »

Il y aurait eu beaucoup à répondre à cette doctrine. Il n'était pas difficile de montrer qu'avec elle, la souveraineté populaire est un simple mot. Si les idées républicaines ne pénètrent pas dans le système de nos impôts, si elles ne président pas à la gestion des deniers publics, si la clé du Trésor n'est pas remise à ceux qui représentent ces idées, autant vaut dire qu'elles n'ont pas encore triomphé. Qui a les cordons de la bourse, est maître. Tant que ces cordons-là ne seront pas aux mains du peuple, le peuple pourra bien faire des déclarations de principes, et même des révolutions en parole ; mais des réformes, non pas !

Seulement cette réponse théorique eût été insuffisante. Il fallait, pour mettre en pleine lumière le sens caché de la formule de M. Léon Say, une expérience palpable,

Nous l'avons eue, cette expérience ; elle nous coûte cher : mais si la leçon nous profite, elle ne sera pas encore trop payée.

Peu de semaines après son article-manifeste, M. Léon Say arrivait au pouvoir et s'installait au ministère des finances. Rappelez-vous, Messieurs, en quel état il trouvait les affaires : la République était encore dans cette période d'une prospérité inouïe, que jamais aucun autre régime n'avait donnée à la France. Des plus-values de un million par jour n'étaient pas, alors, chose extraordinaire ; il était arrivé à la République, en faisant ses comptes de fin d'année, de trouver dans ses coffres 282 millions de plus qu'elle ne s'était attendue à recevoir. Fière de cette richesse qui était son œuvre, la démocratie se sentait capable de réaliser les points de son programme qui lui tenaient le plus à cœur. La réforme de l'enseignement, la réforme des transports, — celle qui doit ouvrir toutes grandes à l'élite des enfants du peuple les voies de l'instruction supérieure, des écoles de l'État, des hautes fonctions industrielles, commerciales, politiques, — et celle qui doit assurer la circulation facile des denrées, cette condition première de la vie à bon marché, — ni l'une ni l'autre de ces grandes entreprises ne paraissaient impossibles. Sans doute, pour créer d'un coup 6 ou 7,000 bourses dans les lycées, pour relever à un niveau plus digne le traitement des maîtres d'école, dont plusieurs milliers ne gagnent pas encore 40 sous par jour, il fallait 25 à 30 millions par an. Et pour essayer le rachat des chemins de fer, qui peut-être, habilement conduit, se fût fait sans bourse délier, il était sage de prévoir, durant les premières années, des mécomptes possibles, et de se prémunir d'une somme annuelle de 50 ou 60 millions pour y faire face. Mais qu'étaient ces chiffres alors, pour faire

reculer la démocratie dans l'exécution de ses pro-
messes ?

Seulement songez-y : ces deux réformes étaient deux
menaces pour de vieux monopoles. Le lycée ouvert à
l'élite des enfants de l'école populaire, c'était la bourgeoisie dépossédée du privilège dont jouissent ses fils,
de fournir seuls, ou presque seuls, au recrutement des
Écoles de l'État et des carrières libérales. Et les tarifs
de chemins de fer abaissés, le rachat exécuté, c'était le
premier coup de canon d'une campagne dirigée contre
les grandes Compagnies à monopoles.

Et on conçoit l'inquiétude des privilégiés en présence
de pareils projets. Ils ne pouvaient cependant se mettre
en travers des volontés de la démocratie ; ils ne pouvaient lui dire en face : « tu ne toucheras pas à nos
monopoles ; tes enfants ne feront pas concurrence aux
nôtres dans les carrières que nous leur avons réservées ;
tu ne diminueras pas les bénéfices que nous prélevons
sur tes transports, à la faveur de tarifs que nous nous
sommes fait concéder par la monarchie à notre dévo-
tion. » Non, ce langage ne leur était pas permis. La
guerre ouverte leur était impossible : au premier choc,
ils eussent été brisés comme verre.

C'est ici qu'intervint le génie financier de M. Léon Say.

Je vais être obligé d'entrer dans des détails de chiffres.
Souffrez, mes chers concitoyens, que je ne m'en excuse
pas. La démocratie n'a pas le droit d'avoir la répu-
gnance des chiffres. Nous avons connu une période
héroïque, où nous luttions pour nos droits primordiaux,
et où ceux qui parlaient au peuple n'avaient besoin que
de faire un appel à sa dignité, à ses sentiments généreux : cette période est close par un triomphe définitif.
Aujourd'hui, une époque nouvelle commence : la démo-

cratie a chassé de sa maison les intrus; il faut qu'elle fasse des inventaires, il faut qu'elle descende dans les détails d'intérieur, il faut qu'elle veille aux comptes du ménage.

Que désirait M. Léon Say? Rabattre la fierté de cette démocratie qui, se sentant riche, croyait pouvoir quelque chose; faire disparaître ces excédents de recettes dont le spectacle accroissait sa confiance. Ainsi posé, le problème n'avait rien d'insoluble pour lui.

Notre budget, vous le savez, se compose de deux sortes de dépenses. Les unes sont permanentes : C'est par exemple les intérêts de la dette publique, les frais d'entretien de la force armée, le traitement des juges, des maîtres d'école, des fonctionnaires de tous rangs, depuis les ministres jusqu'aux surnuméraires, depuis les ambassadeurs jusqu'aux cantonniers. Ces dépenses-là sont destinées à se renouveler toutes les années, tant qu'il y aura un Etat français, et tant que cet Etat sera entouré d'ennemis possibles. Il faut donc, pour y faire face, que le Gouvernement s'assure des ressources permanentes : c'est ce qu'on appelle le budget ordinaire. Mais il y a d'autres dépenses qui, une fois faites, ne sont plus à recommencer : nos routes nationales, dont le réseau est presque complet depuis vingt ans, n'ont besoin que d'un peu d'entretien pour durer presque indéfiniment; nos forts qui, après la guerre, nous ont coûté plus d'un milliard, sont bâtis pour longtemps, surtout si nous savons les défendre; les 1,500 kilomètres de voies navigables que nous avons créées depuis la République, les 13,000 kilomètres de chemins de fer qui se sont faits avec son aide et sa garantie, ne sont point des travaux fragiles non plus. Les dépenses de ce genre-là ne sont pas ordinaires, et d'autre part elles sont très lourdes, elles se chiffrent aisément par centaines de millions. Il ne serait donc pas juste de les faire payer par les contribuables en une seule année. Et de plus cela ne serait pas possible : un pays qui voudrait procéder de cette façon devrait renoncer aux dépenses de ce genre : il ressemblerait à un industriel qui attendrait, pour renouveler son vieil outillage, qu'une année lui apporte assez de bénéfice pour payer d'un seul coup un matériel neuf ; il attendrait indéfiniment, et ses concurrents auraient tôt fait de l'écraser.

Il est donc de règle que les dépenses du budget extraordinaire soient payées au moyen d'emprunts ; au lieu d'en payer le total, on n'a donc à en payer que l'intérêt. Avec 1 million inscrit au budget ordinaire, on peut ainsi faire pour 26 ou 27 millions de travaux. Les générations futures qui jouissent des œuvres d'utilité publique ainsi créées, en paient donc toutes leur part. C'est justice, et si les 20 milliards de notre dette n'avaient pas d'autre origine, si nous n'avions pas à constater que sur ces 20 milliards un demi milliard a passé à faire des travaux d'utilité publique, et 15 milliards 1/2 à faire des guerres, personne de nous ne se plaindrait d'avoir à payer encore les intérêts de la dette contractée par nos prédécesseurs.

La nécessité de ces deux budgets distincts n'a jamais été contestée par personne, et par M. Léon Say moins que par aucun autre : c'est même lui qui, en 1879, a donné au budget des ressources extraordinaires son nom actuel, pour remplacer le nom de *Compte de liquidation* par lequel on l'avait désigné depuis la guerre.

Or, ce budget extraordinaire, la République avait été obligée de lui demander beaucoup ; elle avait eu à refaire notre outillage militaire, depuis les forts jusqu'aux cartouches, et à compléter notre outillage pacifique de routes, de canaux, de ports. C'est en tout 5 milliards qu'il avait fallu demander au budget extraordinaire.

Dans une situation pareille, vous voyez clairement, mes chers concitoyens, ce qu'aurait eu à faire un homme qui aurait voulu mettre la République en faillite. Ç'aurait été de reverser le budget extraordinaire sur l'ordinaire, de réclamer aux contribuables en une seule fois ces sommes colossales qu'on dépensait dans une pensée d'avenir, pour la sécurité et pour la prospérité de la France. Ou plutôt, comme une pareille manœuvre aurait été trop grossière, le moyen véritable était de glâner sans bruit sur les divers chapitres du budget extraordinaire quelques millions de droite et de gauche, et de les rejeter sur le budget ordinaire en les y distribuant sous des rubriques multiples. Par exemple, d'effacer de l'extraordinaire les 9 millions 1/2 que l'on devait dépenser pour les télégraphes souterrains et d'inscrire 9 millions 1/2 de plus aux dépenses courantes des postes et télégraphes ; de diminuer 21 millions 1/2 sur les frais extraordinaires de construction de navires et de fortifications aux colonies, pour augmenter de 21 millions 1/2 le budget ordinaire de la marine ; d'en faire autant pour une somme de 6 millions 1/2, destinée à l'aménagement des rivières, travail extraordinaire s'il en fut, et de compter ces 6 millions 1/2 comme frais annuels de l'agriculture ; enfin, de faire payer par le budget ordinaire des travaux publics 14 millions de travaux extraordinaires relatifs à l'achèvement du réseau des routes nationales et au creusement de quelques ports. On avait ainsi fait glisser silencieusement de l'extraordinaire à l'ordinaire une somme de 52 millions. C'était assez pour rompre l'équilibre, surtout à un moment où tout annonçait la baisse prochaine du rendement de l'impôt et l'arrivée des « vaches maigres » succédant aux « vaches grasses. » C'était assez pour qu'il fût permis de dire que la République n'avait plus d'excédents budgétaires. C'était assez pour qu'on pût répondre, à toutes les propositions de réformes : Il n'y a pas d'argent. — Mais les maîtres d'écoles sont indignement payés, et 14,000 d'entre eux ont un salaire dont ne se contenterait pas un valet de ferme ! Ne ferons-nous rien pour eux ? — Pas d'argent. — Mais les 2 ou 3,000 bourses de lycées et collèges ne suffisent pas à ouvrir l'accès de l'enseignement supérieur aux enfants du peuple capables d'en profiter. Ne réaliserons-nous pas le principe tant proclamé : l'accès égal pour tous à toutes les fonctions, sans autres distinctions que celles du mérite et de la vertu ! — Non ! Le trésor de la République est à sec ! — Mais les tarifs de chemins de fer, ces tarifs qui dépassent en exigences ceux de toute l'Europe, ne les diminuerons-nous pas pour sauver nos industries aux abois ? — N'y songez pas ! La République n'est pas assez riche pour se lancer dans de pareilles entreprises. Allez ! bonnes gens, rentrez vos espérances, remettez vos programmes. « Vous avez asséz fait mardi-gras. Maintenant, à notre tour ! Nous sommes carême. »

Voilà, Messieurs, ce qu'aurait pu faire un homme déterminé à couper court aux rêves de la démocratie et à l'enrayer par un désordre apparent dans nos finances. Et voilà ce qu'a fait M. Léon Say. Car ce que je viens de vous exposer comme une supposition, c'est l'histoire financière du ministère Léon Say. C'est M. Léon Say qui a pris 52 millions à l'extraordinaire pour les rejeter sur l'ordinaire ; et notez bien que ces mêmes dépenses, lui-même les avait, de sa main, dans de précédents budgets qu'il avait rédigés comme ministre, inscrites parmi les extraordinaires !

On avait vu, sous les régimes antérieurs, des ministres des finances dissimuler le défaut d'équilibre de leurs budgets, cacher par des artifices de comptablité un déficit réel, afin de conserver le prestige et le crédit du gouvernement qu'ils servaient.

Ce qu'on n'avait pas vu encore, c'était un ministre des finances organisant un déficit factice ; c'était un homme chargé par la confiance du pays de soutenir le crédit public, et venant dire, dans un document officiel, dans un projet de budget que l'Europe entière doit lire : « Vous croyez la France riche : elle ne l'est pas ! Vous avez foi dans la facilité avec laquelle rentrent ses impôts ; vous mettez la rente française au niveau des consolidés anglais ; vous êtes prêts à apporter votre argent aux premier appel de l'Etat français : détrompez-vous ! Cette nation gaspille son avoir : cette démocratie surmène son budget ; son crédit doit diminuer. C'est moi, son ministre, moi, son homme de confiance, qui vous le dis ! »

Ah ! Messieurs, après de tels actes, on peut encore douter peut-être s'il existe une politique financière républicaine. Mais, M. Léon Say, du moins, nous a appris d'une façon inoubliable une vérité : c'est qu'il y a une façon de gérer les finances de l'Etat, qui est anti-républicaine.

Les impôts sous les régimes déchus. C'est cette vérité, dont l'apprentissage nous a coûté cher, que je voudrais développer à vos yeux, mes chers concitoyens, en empruntant mes exemples au système de nos impôts. Il n'est pas à croire, en effet, qu'une série de monarchies aient passé sur la France, sans laisser dans nos institutions financières des traces autrement profondes que celles par où M. Léon Say a marqué son passage. Il n'est pas vraisemblable que les gouvernements, qui s'appuyaient non sur la nation, mais sur une classe, aient eu l'équité, l'indépendance nécessaire pour répartir également sur tous les charges publiques, pour ne pas épargner ceux dont l'approbation les faisait vivre, pour ne jamais leur accorder de privilèges.

Voyez les faits plutôt :

La Restauration s'appuie sur un corps électoral composé des contribuables payant 300 francs d'impôts directs: la Chambre est aux mains des propriétaires fonciers. Que fait le gouvernement? Il met des droits de douane sur le blé, et bientôt sur les bestiaux étrangers. Il s'arrange pour que ses électeurs vendent leurs denrées le plus cher possible, et s'enrichissent aux dépens des consommateurs, c'est-à-dire du peuple qui ne vote pas.

Le régime de Juillet rend électeurs tous ceux qui paient 200 fr. de contributions directes. Le corps électoral se trouve ainsi composé en grande partie d'industriels qui le dominent. Conséquence : des droits nouveaux sont établis sur les fers, sur les cotons, sur tous les produits de l'industrie ; délivrés de toute concurrence, ces usiniers, ces filateurs, peuvent élever leur prix et prélever sur le pays tels bénéfices qu'il leur plaît.

Et quant à l'Empire, si vous voulez trouver une explication à tous ces monopoles qu'il nie, qu'il fortifie ou qu'il renouvelle, depuis le monopole des chemins de fer jusqu'au monopole du Crédit foncier et de la Banque, rappelez-vous ses origines ; songez dans quelles caisses fut puisé l'or nécessaire pour soudoyer les complices du crime de Décembre ; demandez-vous sur qui s'appuyait un gouvernement dont les chefs et les plus hauts dignitaires, travaillés par d'incessants besoins d'argent, ne pouvaient trouver à se satisfaire que dans des affaires de finances ; et vous comprendrez peut-être pourquoi les financiers furent comblés par un régime qu'ils avaient aidé à naître et qu'ils entretenaient de leurs pots-de-vin.

Mais, entrons davantage dans le détail de nos institutions financières. Vérifions de près, par un examen de nos droits de douane, de nos droits d'octroi qui en sont un prolongement, de notre régime de transports, si dans tous ces rouages de notre machine fiscale, il n'est pas possible de surprendre les effets visibles d'une politique de classe, d'une politique financière aristocratique et anti-démocratique.

Les droits de douane. Les sottises du protectionnisme.

Les droits de douane d'abord. Oh ! Messieurs, il y aurait beaucoup à dire sur le principe même de ce qu'on a appelé la politique protectionniste. Entre elle et le libre-échange, la bataille est ancienne. Les libre-échangistes ont dressé une liste de ce qu'ils appellent les sottises du protectionnisme ; et les protectionnistes se vengent en déclarant qu'ils ont le monopole du patriotisme. Eh bien ! si vous voulez, nous allons faire un marché avec les protectionnistes : il ne sera pas question ici de querelle de principes ; pour cela, nous ne ferons pas l'énumération des « sottises » de leur système ; seulement, de leur côté, ils ne nous parleront pas de leur patriotisme. Et comme il faut leur prouver que le marché leur est avantageux, nous toucherons un mot seulement de chacun de ces sujets.

Notre législation protège la papeterie française : Pour cela, un droit considérable, 50 °/₀ environ de la valeur du produit, est imposé en douane aux papiers étrangers. Voilà qui va bien. — Seulement, on n'a pas pu mettre un droit analogue sur le papier qui nous arrive imprimé du dehors. Conclusion : Nos marchands de papier ne commandent plus de papier à l'étranger ; non, mais nos éditeurs, nos commerçants de tout genre en font venir leurs livres, leurs factures, leurs étiquettes, tous leurs imprimés. On voulait protéger le fabricant de papier français ; on ne réussit pas du tout à le protéger ; mais on réussit très bien à ruiner l'imprimeur, le brocheur, le relieur français.

Autre exemple : nous protégeons les producteurs de

bois français, car il paraît que les propriétaires de forêts sont très à plaindre et ont besoin d'un peu d'aide. — Oui, mais on n'a pas songé à mettre des droits, à l'entrée, sur les bois ouvrés. Les forestiers suédois ne nous envoient pas moins de bois, seulement ils le font travailler d'avance par des menuisiers suédois, au lieu de l'envoyer à ouvrer par des ouvriers français. D'où le résultat suivant : Il y a un pays où, depuis l'établissement de nos droits protecteurs sur les bois, cette industrie se développe avec rapidité : en 1878, ce pays possédait 31 grandes scieries ; quatre années après, il en avait 37 ; elles étaient mues d'abord par 1,045 chevaux-vapeur, elles le sont depuis par 1,426 ; elles faisaient 5 millions d'affaires, elles en font 7 millions. Seulement, ce pays, ce n'est pas la France, c'est la Norwège.

Nous protégeons encore la marine marchande française. On lui a donné jusqu'ici, en primes diverses, 11 millions par an ; désormais on lui en donnera 14, à condition qu'elle mette en route beaucoup de bateaux. — C'est parfait. Seulement, voici le revers de la médaille : ces bateaux, nous leur interdisons, par des impôts douaniers, de transporter les porcs d'Amérique, les blés des Etats-Unis et de l'Inde, les viandes de la Plata, les maïs même d'Algérie. Bref, nous lui supprimons un bon quart de son fret. Nous lui offrons le superflu, après lui avoir refusé le nécessaire. Nous lui payons le dessert, mais nous lui volons son dîner.

Le patriotisme protectionniste.

Quant au patriotisme des protectionnistes, bornons-nous à un fait. En 1871, quand l'Alsace-Lorraine nous fut arrachée, pour un temps *(Applaudissements prolongés)*, les filateurs alsaciens, qui se voyaient privés tout à coup de leur clientèle traditionnelle, la France, demandèrent qu'on voulut bien les considérer comme faisant encore partie, commercialement, de la mère-patrie, et qu'on admit leurs produits en franchise. — Les protectionnistes, puissants dans l'Assemblée nationale, refusèrent. — A tout le moins, qu'on abaissât pour eux les droits de douanes pendant quelques années. — On leur accorda cette réduction pour trois ans. Mais une année s'était à peine écoulée, que parmi les filateurs de Normandie, et — j'ai honte de le dire — des Vosges, circulait une pétition, réclamant la fin de ce régime provisoire. Ces bons patriotes trouvaient qu'on ne se hâtait pas assez de retrancher de la France ces Alsaciens en qui nous voyions, nous autres, des compatriotes de droit, et en qui ils ne voyaient plus, eux, que des concurrents.

Vous voyez bien, Messieurs, que les protectionnistes ont tout intérêt à ce que nous ne parlions pas de leur patriotisme !

Arrivons donc à notre sujet même, aux iniquités du système protectionniste, au caractère qui y est attaché, d'un ensemble d'impôts écrasant la masse des citoyens au profit d'une classe restreinte.

L'impôt sur les filés de coton : 215,000 ouvriers sacrifiés à 443 filateurs

Voici les droits sur les filés de coton ; ils ont pour objet avoué de protéger la filature française : le font-ils réellement ? C'est ce que nous verrons tout à l'heure. Voyons d'abord ceux sur qui ils pèsent ; nous chercherons ensuite ceux à qui ils profitent.

Il y a vingt ans encore, la soierie était assez indifférente aux droits sur les filés de coton. La soie était un luxe réservé à un petit nombre de privilégiés, qui pouvaient la payer cher et préféraient l'avoir pure. Depuis, ce luxe s'est démocratisé, comme toutes choses : des classes nouvelles de consommateurs ont surgi, désireuses de se faire honneur de leur argent, désireuses aussi de briller au meilleur compte possible. Il a bien fallu pour les contenter, produire des soieries à bon marché, mêler le coton à la soie. La production des tissus purs n'a cessé de diminuer : en 1873, Lyon en fabriquait pour 394 millions ; en 1881, pour 212. Les mélangés ont pris la place ainsi laissée libre : au lieu de 41 millions, chiffre de 1873, Lyon en a vendu, en 1881, pour 155 millions. Le coton est donc devenu une matière première, aussi indispensable que la soie même, à la fabrique lyonnaise.

C'est ici qu'intervient le système protectionniste. Le fabricant lyonnais a besoin de cotons de bonne qualité à bon compte : il les trouve en Alsace, en Suisse, en Allemagne : il voudrait les prendre. Halte-là ! Le fisc s'y oppose : tandis que le quintal de fils de coton coûtera au fabricant suisse 4 francs de droits d'entrée ; tandis qu'il en coûtera 45 à l'allemand, le français devra payer jusqu'à 375 et 450 francs, ou bien se résigner à prendre les cotons des filatures du Nord, des Vosges, de la Normandie, qui coûtent fort cher et valent très peu. Des deux côtés, c'est une impasse.

Les fabricants lyonnais ont essayé d'obtenir au moins un adoucissement à ce régime ; ils ont demandé l'admission temporaire, c'est-à-dire le droit de faire entrer des filés de coton étrangers sans payer de droits, à la condition que ce fût pour les renvoyer sous forme de soieries destinées à l'exportation. Longtemps les protectionnistes s'y sont opposés : — Le contrôle est impossible, disaient-ils ; on ne peut vérifier avec sûreté si une étoffe contient bien la quantité de coton que déclare l'expéditeur ; la science n'en a pas trouvé le moyen ; elle ne le trouvera pas ! — Notez cette parole : elle résume bien tout ce qu'il y a, au fond du protectionnisme, de défiance contre la science, d'opposition préventive contre le progrès ! Heureusement les Lyonnais n'avaient pas les mêmes motifs d'être sceptiques. Ils cherchèrent, et au bout de deux ans, ce moyen de contrôle impossible à trouver fut découvert ici, dans le laboratoire de la douane. — Vous croyez peut-être que les protectionnistes se tinrent pour battus? Ils cédèrent sur un point : ils souffrirent qu'on accordât l'admission temporaire des filés fins, des numéros 50 et au-dessus. Or, précisément, pour la fabrication des velours et satins à bas prix, que réclame l'exportation, ce sont les gros fils, de 0 à 49, qui sont indispensables !

Et voilà pourquoi en dix ans, de 1873 à 1883, votre exportation de soieries a baissé de 45 %, tombant de 377 millions à 197 ! Voilà pourquoi, sur 120,000 métiers qui existent dans la région lyonnaise, 40,000 sont à bas, laissant 110,000 personnes dans la détresse.

Et à qui donc maintenant profite cette détresse? Aux ouvriers des filatures? On le dit; mais voyons les faits. Je prends trois des spécialités entre lesquelles se divisent les ouvriers filateurs : une mal payée et réservée aux apprentis, c'est celle des rattacheurs; une médiocre, celle des batteurs; une mieux payée, celle des fileurs. Comparons maintenant les salaires de ces trois classes d'ouvriers en France, pays de protection, et en Angleterre, pays de libre-échange.

Les rattacheurs touchent en moyenne, dans les Vosges et en Normandie, 1 fr. 50 c. par jour; à Manchester, 2 fr. 80 c. Différence au détriment des français, 45 %.

Les batteurs en France gagnent 2 fr. 25 c.; à Manchester, 2 fr. 80 c. Différence, 20 %.

Les fileurs enfin gagnent 3 fr. 75 c. dans les Vosges; 4 francs en Normandie; à Manchester, 5 fr. 90 c. Différence, 35 %.

Voilà comment les ouvriers des filatures profitent de la protection ! Une infériorité de salaires de 20 à 40 %, c'est là leur bénéfice.

A qui donc va le profit? A qui? Au patron, qui,

n'ayant pas à redouter la concurrence de l'étranger, peut garder son vieil outillage routinier ; au patron qui, sûr de la clientèle française, n'aura pas besoin de payer des voyageurs à l'étranger pour chercher des acheteurs. Maître ainsi de diminuer ses frais généraux, de limiter le fonds de roulement auquel il doit payer des intérêts, il fera peu d'affaires, mais des affaires à gros bénéfices ; il produira peu, mais cher ; il aura peu de clients, mais il les tondra à son aise. C'est la formule de tous les monopoles.

Maintenant, faisons une comparaison : d'un côté les filateurs, de l'autre les ouvriers canuts et cotonniers. Ceux-là sont 121 dans les Vosges, 183 dans la Seine-Inférieure, 139 dans le Nord : en tout 443. En regard mettez 110,000 canuts atteints par le chômage, 105,000 ouvriers des filatures qui sont frustrés de 20 à 45 % de leurs salaires. Un impôt qui bénéficie à 443 personnes, et qui appauvrit 215,000 citoyens, est-ce là un impôt anti-démocratique, oui ou non ? Et quand on constate que cet impôt fut créé d'abord par une monarchie censitaire, toute aux mains des industriels, a-t-on, oui ou non, le droit de dire qu'il subsiste dans nos institutions fiscales des iniquités qui sont un legs de la politique financière des régimes déchus ?

L'impôt sur le pain et sur la viande : l'ouvrier et le cultivateur sacrifiés à 200,000 propriétaires.

Ce legs, hélas ! n'est pas le seul dans son genre. Dans ces dernières années, la République s'est laissé aller à accroître la plupart des impôts douaniers. Elle aurait pu se dire peut-être que c'était bien assez pour le consommateur français d'avoir à payer 156 fr. de droits sur le quintal de café, 280 fr. sur le thé, 104 fr. sur le cacao, 18 fr. sur le pétrole brut, et 25 fr. sur le pétrole raffiné. Elle aurait pu se dire aussi qu'en matière de droits de douane, ne pas les diminuer, c'est en quelque sorte les augmenter ; car tout le progrès de l'industrie a pour objet de faire baisser les prix des produits, en sorte qu'un droit qui reste stationnaire devient de plus en plus lourd proportionnellement. Chez nous, de 1872 à 1882, la Commission officielle des Valeurs en douane a constaté une baisse moyenne du prix de 25 %; il eût été bien suffisant, ce semble, même pour des protectionnistes, de maintenir quand même les droits. Il n'en a rien été : on les a augmentés encore. C'est ainsi que les fils de lin ayant baissé de 40 %, les droits ont été accrus de 20 % en 1881 ; sur 100 francs de fils de lin, on payait naguère 9 francs de droits ; aujourd'hui la même quantité ne vaut plus que 60 francs et paie 11 fr. 50 c. à la douane. Le droit de 9 % s'est élevé à 19 %. Des denrées qui n'avaient jamais payé ont été frappées : les œufs, de 10 francs le quintal ; la morue, de 12 fr. 48 c. Et je remarque en passant que les cléricaux de la minorité n'ont pas craint de voter cet impôt sur le carême.

Nous sommes arrivés ainsi à être un des pays d'Europe où les droits de douane sont proportionnellement plus lourds. Voici d'ailleurs les chiffres : quand un Hollandais introduit pour 100 francs de produits étrangers, il acquitte 0 fr. 51 c. de droits ; un Belge, 1 fr. 46 ; un Anglais, 4 fr. 75 ; un Allemand, 6 fr. 65 ; un Français, 8 fr. 29.

Aussi sommes-nous peu encouragés à acheter aux étrangers, qui naturellement nous achètent moins, car le commerce international ne vit que d'achats et de ventes réciproques. Tandis que chaque Hollandais importe pour 452 francs de denrées, l'Anglais pour 293 francs, et le Belge pour 291 francs, le Français n'en reçoit que pour 130 francs par tête. En d'autres termes, dans ce marché universel, que forment les produits du monde entier, et où nous devrions être parmi ceux qui puisent à pleines mains, nos douanes nous forcent à restreindre nos achats, à consommer le quart de ce que prend un Hollandais, et la moitié, pas même la moitié, de ce qu'absorbe un Anglais ou un Belge.

Tout cela, paraît-il, ne suffisait pas. Il a existé, sous la Restauration et sous Louis-Philippe, un impôt détestable entre tous : l'impôt sur les blés et les bestiaux étrangers, destiné à permettre au producteur français de vendre ses bestiaux et son blé au prix qu'il lui plaisait d'exiger. Cet impôt, la science nous en avait révélé tout l'odieux, en nous apprenant que la majorité des Français ne mangent pas encore les trois quarts de ce qu'il leur faudrait de pain ni le tiers de ce qu'il leur faudrait de viande pour se sustenter. L'adulte devrait manger 700 grammes de pain par jour : il en mange 530. Il devrait avoir 300 grammes de viande : il en consomme à peine 100. Et ce sont là des moyennes. Ce qu'il faudrait voir, c'est la masse, ce sont les millions d'êtres qui ne consomment encore ni pain de froment, ni viande fraîche, si ce n'est par hasard. Ceux à qui il faut penser surtout, ce sont ces 220,000 Parisiens, tête de colonne d'une armée de misérables, qui cet hiver ont dû se faire inscrire comme indigents, et sans l'assistance publique auraient manqué tout à fait de pain. Et c'est quand la France en est là, que la République va ressusciter le vieil impôt monarchique, et créer la cherté sur la viande et le pain !

Calculons le poids de cet impôt. Les droits sur la farine, combinés avec les droits sur le blé, tendent à faire monter le pain de 5 centimes par kilog. — On m'objecte qu'il n'augmente pas en ce moment. — Cela est vrai : c'est que la perspective d'une belle récolte neutralise l'effet de l'impôt. Supprimez l'impôt, et vous aurez une baisse du pain. Empêcher la baisse, n'est-ce pas, au fond, créer une hausse ? Cela étant, comptez que dans un ménage de 4 à 5 personnes, il se consomme environ 6 livres de pain par jour, soit 1,100 kilog. par an. C'est 50 à 60 fr. de plus qu'il faudra payer au boulanger.

Quant à la viande, l'impôt nouveau tend à en faire monter le prix d'un sou et demi le kilog. Fiez-vous aux intermédiaires pour transformer ce sou et demi en une pièce ronde de deux sous ! Dailleurs comment feraient-ils autrement ? La pièce d'un demi-sou n'existe pas. La Monnaie frappe des pièces de 40 et de 100 francs ; la Banque émet des billets de 1,000 francs ; la Chambre de compensation trouve des procédés simples pour permettre des règlements de compte de plusieurs millions par jour presque sans monnaie ; il n'y a qu'un perfectionnement monétaire auquel on ne songe pas, auquel il semble impossible d'intéresser le législateur : c'est la création de cette humble pièce du demi-sou, qui, trois et quatre fois par jour, épargnerait à la ménagère achetant au détail de petites pertes à la fin très lourdes par la répétition

En attendant, c'est bien 10 centimes au kilog, un sou par livre, que la femme de l'ouvrier paiera de plus au boucher par le fait des nouveaux droits. Soit, à 4 ou 500 gr. de viande par jour, 18 à 20 francs de surcharge par an.

60 francs pour l'impôt du pain, 20 francs pour l'impôt de la viande : 80 francs par année, c'est à peu près 5 % du gain d'une petite famille d'ouvrier. Et notez que plus la famille est pauvre, plus elle consommera du pain, plus l'impôt sera lourd. On dirait que le législateur a voulu faire payer aux gens peu fortunés le droit d'être pauvres.

Maintenant, à qui profitera ce prélèvement sur la substance des malheureux ?

On dit : à l'agriculteur, au paysan. — Je le nie hardiment : La masse des paysans ne gagnera rien à l'impôt. C'est à d'autres qu'ira le bénéfice.

En voici la preuve :

L'ouvrier va voir augmenter de 5 % les frais généraux de son existence et de celle de sa famille. Il faudra bien qu'il trouve ces 5 % ; car son budget, déjà trop réduit, n'a pas d'élasticité. Il les demandera à son patron, sous forme d'augmentation de salaire. Cette augmentation, il l'obtiendra ; mais à quel prix ! de combien de souffrances stoïquement endurées il la paiera ! Il lui faudra se mettre en grève, supporter la misère noire, céder peut-être un moment, pour reprendre plus tard l'attaque. Combien de grèves inutiles ne faut-il pas pour une qui réussit ! Nous n'avons pas de statistique des grèves françaises. Mais en Angleterre, où les ouvriers sont associés de longue main, ils ont l'habitude de se cotiser, et de ne se risquer qu'après avoir créé une caisse de résistance, en dix années, de 1870 à 1879, il y a eu 702 grèves notables ; sur ce nombre 71 ont réussi complètement. C'est à peu près 1 sur 10.

N'importe ! de façon ou d'autre, la hausse des salaires se fera. Alors tous les produits ouvrés, depuis l'habit jusqu'au meuble, depuis le soc de la charrue jusqu'à la maison d'habitation, augmenteront dans la même mesure. Ils augmenteront même davantage, car ce n'est pas seulement le pain et la viande que l'ouvrier paiera plus cher, ce sont tous les objets que fabriquent d'autres ouvriers, forcés comme lui de hausser leurs salaires. On peut donc compter sur une hausse finale de 8, de 10 % même. Et bien ! je dis qu'à ce prix un paysan, un petit propriétaire même aisé, à plus forte raison un prolétaire des champs, ne gagnera rien aux nouveaux droits.

D'abord, s'il ne fait pas du blé, s'il n'élève pas de bétail, la chose est claire ; il a tout à perdre au régime qui fera hausser ce qu'il achète sans faire hausser ce qu'il vend. Mais supposons que, sur 20,000 francs de biens, soit 10 hectares, il en ait 7 en terres à blé. Faisons son bilan. Les 7 hectares, s'ils étaient cultivés comme en Angleterre, comme en Belgique, comme en Saxe, comme dans le Mecklembourg, et même comme les terres scientifiquement exploitées en France, avec des engrais appropriés et des machines telles que la semeuse, ses 7 hectares lui donneraient 150, 200 et même 220 hectolitres. Mais, nous prenons un cultivateur français moyen, qui fait rendre 14 hectolitres à l'hectare. Il tirera de sa terre 100 hectolitres de blé. Une fois qu'il aura mis de côté ce qu'il lui faut pour ses semailles et pour nourrir sa maisonnée, il aura 70 hectolitres à porter au marché. Il les vendra, grâce aux droits nouveaux, plus qu'il n'eût fait autrement : 1 fr. 50 de plus, disent les partisans des droits. C'est donc un cadeau de 100 francs qu'il reçoit grâce à l'impôt.

Voilà ce qu'on voit. Maintenant, voici ce qu'on ne voit pas. Tout ce que notre agriculteur gagne ne reste pas dans ses mains : il lui faut payer ses ouvriers, renouveler son outillage, ses meubles et les vêtements de la famille, etc. Les trois quarts de son gain y passent. Mettons qu'il tire de ses 70 hectolitres de blé 1,200 francs. Ajoutons-y pour le produit du reste de ses terres et pour ceux de la basse-cour et la vacherie, 4 à 500 francs. Le voilà avec un revenu de 1,700 francs. S'il n'en dépense que les trois quarts, et qu'il mette le reste de côté, c'est qu'il n'aura pas été prodigue. On peut donc admettre qu'il dépensera bien 1,200 à 1,300 francs par an. Maintenant rappelons-nous qu'il les dépense en objets dont le prix a monté de 8 à 10 %. Ce qui lui occasionne une surcharge de 100 à 130 francs. — Bénéfice, 100 francs. Perte, 100 à 130 francs ; voilà son bilan. Ce n'est donc pas lui qui gagne à la loi de protection.

Une seule classe peut y gagner. C'est la classe des gros propriétaires fonciers qui vendent un millier ou deux d'hectolitres de blé, et qui toucheront aux dépens de la foule des consommateurs 1,500 ou 3,000 francs d'aubaine par an.

Or, il y a en France 12 millions de petites cotes, et environ 200 à 250,000 propriétaires payant une cote de 200 francs, c'est-à-dire possédant en moyenne 50 hectares et plus. C'est donc pour ces 200,000 personnes, que la ration de pain et de viande de l'ouvrier sera rognée, que des grèves éclateront, que les produits ouvrés monteront de prix, et qu'enfin la foule des agriculteurs, tout en ne tirant aucun profit de la loi nouvelle, s'entendra dire par le législateur, si elle réclame des allégements d'impôts : «Nous avons déjà fait assez pour vous.»

Encore une fois, je vous le demande. De pareils impôts, à la création desquels s'attache le souvenir de la Restauration et de M. de Villèle, sont-ils des impôts républicains ? Leur présence dans nos budgets n'est-elle pas un vestige des iniquités dont est fait le système financier des monarchies ?

...roi : les ...eusetés de ...troi.

Les octrois devaient naître sous un régime monarchique, à qui les grandes villes, avec leurs masses d'hommes concentrées, avec leur mouvement d'idées intense, avec leurs passions politiques, inspirent de l'inquiétude. C'est en effet le premier empire qui les a créés. Ici encore je passerai rapidement sur ce qui pour nous est accessoire dans les questions sur l'énormité des frais de perception de l'octroi, sur les vexations parfois absurdes qu'il impose au contribuable. On ne sait pas assez en France ce que coûte un octroi. Dans les villes relativement favorisées, comme Brest, les frais vont à 10 0/0 du produit ; à Lyon, c'est 9 0/0 ; à Bordeaux, 15 0/0 ; à

Rouen, 17 0/0. Pour nombre de villes, la proportion s'élève au chiffre énorme de 20 0/0 : c'est un coulage comparable à celui des impôts sous l'ancien régime, au temps des fermiers généraux; mais il y a mieux : il existe dans l'Aisne un chef-lieu d'arrondissement, où il a fallu pour construire les bâtiments d'octroi faire un emprunt : le produit de l'octroi ne suffit pas tout à fait à payer l'intérêt de l'emprunt. Quant aux employés, non seulement ils ne rapportent rien, mais la ville est obligée de trouver des ressources en dehors de l'octroi pour les payer ! Un impôt à deux fins, qui ruine à la fois ceux qui le paient et ceux qui le reçoivent : c'est un comble, et l'ancien régime lui-même n'avait pas trouvé celui-là.

Les vexations de l'octroi seraient également un sujet inépuisable, mais on peut résumer tout d'un seul mot : l'octroi est une violation quotidienne du principe de l'égalité de tous les Français devant l'impôt. En voici des preuves :

A Paris, l'octroi frappe les bois de constructions d'un droit plus lourd que les fers. Il s'arroge donc le droit de favoriser l'industrie des fers de construction aux dépens de celle des bois. Il imite les monarchies qui chargent une classe de citoyens pour en privilégier une autre.

A Melun, si vous introduisez en ville des tuiles ou des carreaux, on vous demandera d'où vous venez, selon votre réponse et vos papiers, on vous taxera légèrement ou lourdement. Il y a des villes, paraît-il, que l'octroi de Melun n'aime pas, il y en a qui ont ses faveurs.

Diverses villes frappent la bière d'une taxe plus forte quand elle est fabriquée hors barrière que lorsqu'elle est fabriquée en ville. Et elles en ont le droit, de par un certain article 14 d'une ordonnance du 9 décembre 1814.

Mais laissons de côté ce détail qui serait infini. Je m'en tiens au point capital, à l'iniquité du droit d'octroi.

L'octroi pèse surtout sur les consommations de qualité commune. Ainsi, à Lyon, le vin paie 13 fr. l'hectolitre ; s'il s'agit de vin très ordinaire du Languedoc ou de l'Algérie, ces 13 fr. représentent à peu près 80 0/0 de la valeur du vin pris à son point d'origine. S'il s'agit d'un vin bourgeois, à 120 fr. la pièce de 200 litres, le droit ne représente plus que 20 0/0 de la valeur, si c'est du vin supérieur, le droit tombe à 10, à 8 0/0. Quand il s'agit d'un grand vin, il n'est plus que de 2 ou 3 0/0. L'octroi adoucit ses exigences à mesure qu'il a affaire à des consommateurs plus riches. Meilleur on boit, moins on paie. C'est l'impôt progressif, oui, mais l'impôt à rebours.

On dira : l'octroi n'a pas de si noires intentions. Il ne peut pas distinguer un grand vin d'un médiocre ; c'est la seule raison qu'il ait de faire payer tous les vins uniformément. C'est bien, mais alors qu'on nous explique ce fait : à Paris, les bois de chauffage sont taxés diversement selon leurs qualités, qu'on discerne bien aisément. Le bois de cuisine, indispensable surtout aux pauvres qui n'ont pas le gaz, paie 2 francs le quintal. Le bois blanc, qui sert au chauffage des petits ménages bourgeois, paie 1 fr. 77 c. : c'est 12 % de moins. Le bois de hêtre, d'orme, de chêne, le chauffage du riche, paie 1 fr. 69 c. : soit un rabais de 16 %. Avouez qu'ici la progression à rebours a bien l'air d'être intentionnelle.

Mais ce sont des faits particuliers? — Eh bien ! prenons l'ensemble.

Je divise les contribuables de Paris en deux groupes : ceux qui paient moins de 1,000 francs de loyer, et ceux qui paient plus de 1,000 francs. Les premiers représentent 170 millions de location ; les autres 208 millions. Le second groupe est donc, à première vue, bien plus riche que l'autre. On objectera que dans la masse des loyers au-dessus de 1,000 francs, il y en a un certain nombre qui servent à des industries encombrantes et toutefois modestes; si bien qu'un gros loyer n'indique pas toujours de gros revenus. Admettons cela : il reste bien au moins que les locataires qui paient 208 millions représentent autant de ressources que ceux qui en paient 170. Si donc l'octroi était un impôt équitable, il devrait demander autant à l'un des groupes qu'à l'autre. Eh bien ! voici les chiffres : les locataires au-dessous de 1,000 francs paient 86 % de l'octroi; les autres 14 %. Aux uns l'octroi prend une somme qui équivaut à 72 % de leur loyer; aux autres 8 %. A 650,000 ménages pauvres ou médiocres, il réclame neuf fois plus que leur part. A 82,000 ménages aisés ou riches, neuf fois trop peu !

Les falsifications, à qui la faute ? Un brigandage d'Etat.

L'iniquité est-elle assez visible, maintenant? Et pourtant, nous n'avons pas tout dit. Au pauvre, l'octroi ne prend pas seulement son argent. Réfléchissez un instant au fait suivant : avant la guerre, à Paris, l'eau-de-vie payait 90 francs de droits, et le petit verre se vendait 2 sous. Depuis, elle paie 156 francs : le même petit verre continue à se vendre 2 sous. Le prix n'a pas augmenté, la quantité n'a pas diminué. Concluez : il faut bien que la qualité ait changé ! puis l'on va s'écriant que l'ivrognerie croît, que les maladies alcooliques se multiplient et prennent des formes inattendues. A qui la faute, à moi ou à ceux qui, par leurs impôts, font que les alcools sains et droits sont trop chers pour l'ouvrier? — Et le vin? A mesure que les droits ont monté — on les a abaissés depuis, mais trop tard, quand le pli était pris — les vins se sont mouillés. Puis, pour en relever la platitude, il a bien fallu le mélanger avec de bas alcools. Mais ceux-ci, n'ayant pas fermenté avec le vin, ne s'y combinent pas : dans l'estomac, l'eau est vite absorbée; l'alcool reste seul, et ronge alors les parois de l'estomac. Parfois l'alcool ne suffit pas et on a recours à l'alun, et même à l'acide sulfurique. Encore une fois, à qui la faute, sinon aux impôts qui font que le vin véritable est au-dessus des ressources de l'ouvrier et devient une boisson aristocratique ?

Et maintenant, songez que ceux à qui l'octroi impose la nécessité ou de ne plus boire de vin, ou de boire ces mélanges dangereux, ceux-là sont des hommes qui pour tout capital au monde ont leur santé. Et ce capital, c'est l'impôt qui le leur ravit. En vérité, Messieurs, quand les exigences du fisc aboutissent à de pareilles spoliations, elles n'ont plus le caractère d'un impôt, d'un prélèvement fait sur les ressources du citoyen au profit du public : elles constituent un brigandage au nom de l'Etat !

Les tarifs de chemins de fer. Le peuple le plus mal servi d'Europe.

Nous arrivons à la question des tarifs de chemins de fer. Sans doute, les recettes des chemins de fer ne sont pas assimilables entièrement à des impôts : mais elles font partie des institutions financières que nous ont léguées les régimes précédents. On dira que ces recettes ne se perçoivent pas, sauf une petite partie, au profit de l'Etat ; mais elles se perçoivent en vertu de tarifs sanctionnés par l'Etat. Et d'ailleurs, croit-on que les impôts dont nous venons de parler rentrent intégralement dans les caisses de l'Etat ? Il s'en faut bien : pour que l'impôt sur le pain et la viande, par exemple, rapporte 30 millions au trésor, il faut qu'il prélève sur les contribuables, un renchérissement de ces deux derniers, un total de 300 millions.

Notre système de transports a été organisé par l'Empire. L'Empire partagea la France en six grandes régions, et dans chacune de ces régions, il assura le monopole des voies ferrées à une grande compagnie, dont il sut peupler le conseil d'administration avec ses créatures. Le résultat n'était pas difficile à prévoir ; tout possesseur de monopole a une double tendance : servir mal ses clients forcés, pour réaliser des économies ; et les faire payer très cher, pour accroître ses bénéfices. Sur ces deux points, nous n'avons rien à envier à personne.

D'abord, nous avons peu de trains à notre disposition. Ainsi, quand un Anglais dans une gare donnée, en un temps donné, en 24 heures par exemple, trouve 10 trains successifs, le Français en a 3 à son service. Quant à la vitesse, les trains anglais poussent la leur jusqu'à 82 kil. à l'heure ; les nôtres s'en tiennent sagement à un maximum de 63. Encore y a-t-il des trains, comme celui qui cette nuit m'a amené ici, qui ont la prétention d'être des rapides, et qui font 53 kil. par heure !

Pour les prix, en revanche, nous reprenons une forte avance. Sauf la Turquie, il n'y a pas en Europe un pays où les voyages coûtent si cher. Si nous comparons le prix d'une place de 3e pour un parcours de 100 kil. dans les diverses contrées, nous en trouvons 3 où il va à moins de 4 francs : c'est la Norwège, la Russie et la Belgique ; 4 à moins de 5 francs : l'Allemagne, la Grèce, le Danemarck et la Suède ; 4 à moins de 6 francs : la Suisse, la Hollande, l'Italie, l'Autriche-Hongrie ; 3, enfin, de 6 francs à 6 fr. 35 c. : l'Espagne, le Portugal, la Grande-Bretagne. Mais il n'y en a qu'un où le prix s'élève à 6 fr. 80 c. : c'est la France.

Conséquence : le Français voyage relativement peu ; quand il fait 1 voyage, l'Anglais en fait 5. Et comme les voyages, les entrevues, les relations personnelles, sont le plus sûr excitant du commerce, la circulation des marchandises chez nous est faible en comparaison de celle que présente l'Angleterre : tandis que nos voies ferrées font un trafic de 69 millions de tonnes kilométriques, les voies ferrées anglaises en transportent 215 millions. C'est plus du triple.

Ce régime est particulièrement funeste à Lyon. Situés comme vous l'êtes, à deux pas du second bassin houiller de France, vous devriez avoir à bon marché le charbon, et par suite le gaz qui en dérive, et par conséquent cette force motrice que le gaz peut vous apporter à domicile, et qui vous permettrait d'avoir le métier mécanique au cœur de la ville, peut-être même dans les appartements. Oui, mais la Compagnie P.-L.-M. y a mis bon ordre : tandis qu'une tonne de charbon, transportée sur la ligne du Nord, coûte 3 centimes 1/2 par kilomètre, ici elle paie plus du double, *8 centimes.* C'est comme si la Loire, au lieu d'être à 12 lieues, était à 120 kilomètres !

Est-ce donc que nos Compagnies soient frappées d'une impuissance particulière ? Il s'en faut bien : dès qu'il s'agit de faire des transports pour les étrangers, elles savent bien travailler vite et à bon marché. Un wagon de marchandises françaises ne fait que 100 kilomètres par jour, et encore ! mais si les marchandises sont allemandes, comme nos voisins sont plus exigeants, le wagon trouve fort bien le moyen de faire ses 200 kilomètres à la journée. Un wagon de comestibles qui va de Milan à Paris coûte 250 francs : c'est pour les Français ; mais s'il prolonge son voyage de 500 kilomètres, s'il dépasse Calais, qu'il traverse la Manche et file sur Londres, après deux transbordements, oh ! alors il ne paie plus 250 francs, mais seulement 40 francs : c'est pour les Anglais !

Sauvons les dividendes !

Non, il n'y a pas incapacité de la part de nos Compagnies, il y a seulement une vive préoccupation d'accroître leurs dividendes. En effet, nous avons une grande consolation : Nos Compagnies de chemins de fer transportent mal, avec lenteur, à grands frais, les marchandises et les voyageurs ; mais elles paient admirablement leurs actionnaires. Tandis que ceux des Compagnies anglaises touchent en moyenne 4 -1/2 % de leurs capitaux versés, les moins favorisés chez nous, ceux de l'Est, de l'Ouest, du Midi, perçoivent de 6 à 8 % ; ceux de l'Orléans, 11 1/2 ; ceux du P. L. M. 15 %/° ; et ceux du Nord, 19 1/2 %. Pendant ce temps, les rentiers se contentent de 3 3/4, et même moins.

En d'autres termes, celui qui avait 100 francs à placer il y a trente ans, s'il les eût placés sur l'Etat, aurait aujourd'hui un titre valant 123 francs. Mais s'il avait eu l'habileté de les placer en actions de l'Est, il aurait 143 francs ; en actions de l'Ouest, 154 ; du Midi, 224, de l'Orléans, 244 ; et du Nord, 475 !

En vérité, Messieurs, si on nous demandait maintenant de définir ce que c'est qu'une politique financière anti-démocratique, ce que c'est qu'un système fiscal qui tend à régler les charges publiques sur les pauvres et à enrichir à leurs dépens les riches, ne pourrions-nous pas répondre avec ces seuls mots : les droits de douane, les droits d'octroi, les tarifs des chemins de fer !

Les remèdes : l'Ecole.

On se demande comment, dans un pays où la démocratie, c'est-à-dire la foule des contribuables et des consommateurs, se sent en somme maîtresse depuis longtemps, de semblables iniquités fiscales ont pu subsister. Sans doute, l'ignorance explique bien des insouciances. Quand on voit les Chambres laisser passer, sous l'enveloppe d'une loi budgétaire ou d'un tarif de douanes, des dispositions qu'elles repousseraient avec violence si elles en voyaient à un sens anti-démocratique les effets ruineux pour le pauvre ; quand on voit la représentation nationale se passionner pour une affaire de garde-champêtre et puis bailler à une discussion de tarifs de transports, devant cette imcompétence funeste on ne peut s'empêcher de songer que la bourgeoisie où se recrutent les Chambres est elle-même élevée dans des lycées d'où l'enseignement de l'économie politique est sévèrement exclu. Quand on voit le même peuple montrer dans les questions politiques une clairvoyance et une pauvreté admirable, puis se détourner avec indifférence de ce qu'il appelle « les chiffres », on éprouve le besoin de se réconforter en songeant que dans nos écoles, il se prépare une génération de citoyens avertis, qui sauront voir sous les questions de chiffres ce qu'elles recèlent : à savoir le problème du bien-être ou de la misère pour la famille, de la prospérité ou de la décadence pour la nation.

Oui, certes ! l'Ecole, voilà ce qui doit nous rassurer contre tout, nous consoler de tout. Le budget de l'instruction primaire porté de 26 millions à 80 ; un milliard dépensé en constructions scolaires ; le nombre des maîtres porté de 65,000 à 100,000 ; deux millions d'enfants sauvés de la misère intellectuelle : ce sont les pures et solides gloires de la troisième République. Nos grands aïeux de 92 avaient su organiser la victoire contre tous les tyrans : nous autres n'en avons combattu qu'un seul encore : mais c'est le plus redoutable, c'est celui qui fait la force de tous les autres, et dont le trône sert d'appui à tous les trônes et à tous les autels : l'ignorance. Nous l'avons combattu, et nous l'avons vaincu. Oui, nous avons fait, nous aussi, des levées en masse : c'étaient des levées d'instituteurs ; et nous avons remporté la victoire avec des recrues, avec des brevetés de la veille. Nous aussi, dans cette campagne-là, nous avons eu nos Hoche et nos Carnot : il s'appellent Jules Ferry et Paul Bert (*Applaudissements prolongés*). L'histoire dira que cette génération a fait du moins une grande chose ; entre les républicains héroïques de 93 et les républicains laborieux de 70, son admiration hésitera presque ! Et elle se demandera peut-être qui a plus fait pour la France et pour l'humanité : ceux qui ont écrit la déclaration des Droits de l'Homme, ou ceux qui ont fait qu'elle pût être gravée dans le cerveau de tous les enfants de France, jusqu'au fond de la plus humble école de hameau ; ceux qui ont proclamé que l'impôt doit être consenti par tous les citoyens, ou ceux qui ont voulu que les citoyens fussent mis à même de discuter l'impôt, et de ne le consentir qu'en connaissance de cause !

Mais l'École, à elle seule, ne peut pas tout. D'abord, ses résultats sont tardifs. Et puis, ils seraient eux-mêmes compromis, si les générations d'enfants qu'elle nous livre d'année en année, devaient tomber dans un milieu où les idées nouvelles n'auraient ni écho, ni commencement de réalisation. Ce que nous voulons que nos enfants achèvent, commençons-le nous-mêmes : l'École ne fait réussir que les réformes déjà ébauchées par la société. La question est donc celle-ci : comment intéresser les citoyens adultes à la gestion des intérêts publics? Comment obtenir qu'ils se passionnent pour la politique financière comme ils ont su se passionner pour la politique abstraite ?

Eh bien ! voici : il faut voir le mal où il est, je veux dire dans un système d'impôts qui fait qu'il est impossible à chacun de savoir quelle part des charges publiques pèse sur ses épaules. Il y a en effet deux procédés pour remplir le Trésor. L'un consiste dans des impôts comme ceux que nous avons énumérés, dans des impôts indirects, qu'on paie par petites parcelles imperceptibles et sans cesse renouvelées. Ces impôts, on les acquitte sans le savoir, mais non sans en sentir l'effet, chaque fois qu'on fait un achat : ils sont incorporés, ils sont dis-

simulés, dans le prix de la livre de viande, du quart de
livre de sucre, des deux kilogrammes de pain, que la
ménagère achète le matin. Ils sont dissimulés dans le
prix des moëllons et du bois que le propriétaire emploie
à bâtir une maison, et que vous lui payez sous la forme
du loyer. Excellent procédé pour faire qu'un peuple ne
se rende pas compte de ce qu'il paie à ses gouvernants !
C'est ce qu'un financier appelait « l'art de plumer la
poule sans la faire crier. » Méthode incomparable, pour
un régime politique qui veut bien que tout le monde
soit contribuable et concoure aux dépenses publiques,
mais qui ne veut pas que tout le monde soit citoyen et
concoure à la gestion des intérêts publics.

Mais un régime républicain ? Quel intérêt une République aurait-elle à tromper les citoyens, puisque les
citoyens c'est elle-même ? Que peut-elle souhaiter plus
vivement, sinon de les voir tous instruits de leurs
affaires communes, contrôler la gestion de leurs deniers,
et apporter au Trésor leur part de lumières, de critiques
et d'esprit de progrès en même temps que leur contri-
bution en argent.

L'impôt loyal Et bien ! il existe un système d'impôts qui a la vertu
d'obliger les citoyens à devenir ainsi des contrôleurs du
Trésor. Ce sont les impôts qu'on demande ouvertement
à chaque contribuable, par un avis individuel, les impôts qu'il paie à découvert, les impôts directs. En Angleterre, quand Robert Peel, en 1842, voulut forcer la
bourgeoisie anglaise, dont les droits électoraux venaient
d'être accrus, à s'intéresser à la politique, il créa l'impôt
sur le revenu. Désormais, chaque fois qu'une entreprise
nationale, une guerre par exemple, cause au budget des
charges imprévues, c'est l'impôt sur le revenu qui paie
le déficit; et chaque bourgeois anglais peut voir, sur sa

feuille de contributions, ce que lui coûte l'accroissement
de la flotte anglaise ou la campagne contre l'Afghanistan.
C'est ainsi qu'on crée un peuple capable de faire de la
politique sérieuse et pratique, un peuple économe de la
bourse de l'Etat comme de la sienne propre, un peuple
d'hommes prévoyants et aptes à gérer les intérêts de la
patrie dont ils sont les membres comme ceux des familles
dont ils sont les chefs.

Il est temps, mes chers concitoyens, que la République
abandonne les routines financières des vieux régimes, et
qu'elle prenne conscience de ce qu'elle a voulu. Puis-
qu'elle n'admet plus de classes distinctes, il faut qu'elle
ne supporte ni privilèges, ni monopoles ; et qu'elle fasse
peser l'impôt proportionnellement sur les ressources de
tous, en respectant la substance indispensable de chacun. Et, pour préciser, il faut qu'elle réalise son programme : abolition progressive des droits de douane, des
droits d'octroi, des impôts de consommation ; abaisse-
ment des tarifs de transport, même au prix du rachat
immédiat des monopoles des grandes compagnies ;
acheminement prudent et résolu, vers un système d'impôts directs, frappant équitablement tous les revenus.

Urgence de la réforme : la démocratie menacée d'un arrêt de crois-sance.

Dans cette entreprise de rénovation financière, deux
intérêts sont engagés, qui méritent tous vos efforts,
et qui, par leur élévation, doivent enflammer vos enthou-
siasmes. C'est d'abord un intérêt d'équité ; le principe
de la juste répartition des impôts est engagé ici tout
entier. C'est ensuite un intérêt patriotique : avec les
tarifs élevés de transports et de douanes, avec les impôts
de consommation, qui créent la cherté de la vie et la
hausse apparente des salaires, tous nos produits mon-
tent de prix, et se voient chasser peu à peu de tous les
marchés du monde. Ce n'est pas ainsi qu'une nation

s'enrichit. Déjà depuis deux ou trois ans, nous voyons baisser les droits d'enregistrement, ce qui marque une baisse sur les propriétés foncières ; l'impôt de 3 %, sur les valeurs révèle une baisse analogue sur les biens mobiliers. Prenons garde à ces indices : il est temps d'arrêter un mouvement qui aboutirait à l'appauvrissement de la France.

Ajoutez que du même coup, la population cesse de multiplier. On dit : « plus on est pauvre, plus on fait d'enfants ; la misère pullule. » Cela est possible, chez des populations imprévoyantes, qui, n'ayant jamais connu le bien-être, s'inquiètent peu de l'assurer à leurs enfants. Mais chez ceux qui se sont élevés plus haut, qui ont goûté à l'aisance, qui savent combien la vie humaine en dépend, l'éducation d'un enfant est une entreprise, et quand la misère paraît aux portes, on ne se lance pas dans cette entreprise.

Or, songez-y : si nous ne multiplions pas, nos voisins multiplient. Dans 20 ans, les Anglo-Saxons seront 45 millions ; les Allemands seront 60 millions, Que deviendrons-nous alors si, par un système financier ruineux, nous ne sommes plus ni riches, ni nombreux ?, Qu'arrivera-t-il de nous dans une de ces guerres que l'avenir nous réserve et d'où doit sortir la délivrance de nos frères séparés, dans une de ces guerres qui se feront à coups de millions d'hommes et de milliards de francs ?

Lyon a tout intérêt, mes chers concitoyens, à lutter contre les institutions fiscales qui nous menacent d'un tel avenir. Lyon est, nous l'avons vu ensemble, une ville libre-échangiste par nécessité et pour son salut. Mais elle l'est aussi pour de plus nobles motifs, et avec un élan qui n'est qu'à elle. C'est d'ici que sont parties les deux plus belles, et j'ose dire les deux plus héroïques manifestations dont fasse mention l'histoire du libre-échange en France.

En 1840, il existait un impôt sur la viande, analogue à celui qu'on vient de rétablir récemment, et même plus lourd. L'importation des bestiaux avait diminué depuis douze années, de près de moitié, de 41 %, tandis que la population montait de 15 %. Paris mangeait moins de viande qu'en 1830 : un dizième de moins. A Lyon, la détresse était la même. Ce fut le syndicat des bouchers de Lyon qui éleva alors la voix en faveur des consommateurs : « Nous ne plaidons pas dans nos intérêts disent-ils dans leur pétition à la Chambre, avec les droits nous vendons moins, mais nous vendons cher ; le bénéfice est en somme le même, mais, nous souffrons de voir que la viande de boucherie est montée à des prix tellement élevés, que les classes nécessiteuses n'y peuvent plus atteindre, et qu'elles soient forcées de substituer à un aliment sain une nourriture insuffisante ! »

En l'an dernier, quand les protectionnistes, pour vous faire renoncer à l'admission temporaire, vous suggéraient de demander des primes à l'exportation, c'est-à-dire des subventions prises sur le Trésor public, votre chambre de commerce, avec une abnégation admirable, a repoussé cette offre : « L'avenir de Lyon et son existence même, a-t-elle répondu, sont tellement liés au libre-échange, que nous refusons ces cadeaux, ce partage de bénéfices avec les partisans de la protection. »

C'est à de pareils signes qu'on reconnaît une population animée de pensées généreuses et confiante dans la force de la vérité et du droit. C'est ainsi que se révèle une cité désignée pour un grand rôle et prête à le remplir. Désormais, mes chers concitoyens, la grande question de la forme politique de la France étant vidée, les questions économiques vont prendre le pas. Une période nouvelle commence : Lyon peut y prendre une part exceptionnelle. Combattre les monopoles, supprimer les privilèges, protéger l'aliment du pauvre, préparer la vie à bon marché, voilà une œuvre digne de cette cité ! Michelet a dit de Lyon : « Cette ville est le cœur de la France ! » Eh bien ! le cœur, ce n'est pas seulement l'organe des sentiments généreux, c'est aussi l'organe de la circulation, celui qui lance à travers le corps le sang nourricier. Que le cœur se ralentisse, que les voies soient obstruées, et tout le corps dépérit ; et de même dans l'ordre social, si les subsistances rencontrent des barrières, si elles ne vont pas sans obstacle là où des besoins les appellent, la misère commence, le paupérisme éclate. Soyez, mes chers concitoyens, ce centre où retentissent toutes les souffrances partielles ; soyez la voix qui élève une plainte dès qu'une cause artificielle de misère apparaît, et qui réclame incessamment la libre circulation des biens nécessaires à la vie. Appropriez-vous la maxime de Michelet dans toute l'étendue de sa signification, et devenez véritablement le « cœur de la France » !

À l'ouverture de la conférence, M. MUNIER, sénateur du Rhône, avait présenté M. BURDEAU aux auditeurs par l'allocution dont nous donnons un extrait :

MESSIEURS,

Avant de donner la parole à notre conférencier, je vous demande la permission de vous entretenir un instant.

Beaucoup d'entre vous le connaissent de réputation et savent que c'est un professeur éminent, un économiste de premier ordre, un savant dans toute l'acception du mot ; qu'après avoir créé à Paris la Société d'Economie populaire, il est venu, avec le concours de quelques-uns de nos amis, fonder à Lyon la Société d'Economie politique et sociale.

Ils savent aussi que c'est un républicain éprouvé ; qu'aux heures sombres, alors que des insensés que le suffrage universel a heureusement balayés pour toujours, rêvaient je ne sais quel coup de force ou sinistre aventure ; alors que le parti républicain, uni comme il devrait toujours l'être, groupait autour de lui tous les hommes de cœur, il a été à Saint-Etienne, quoique jeune encore, l'âme de la résistance organisée, ne ménageant ni ses forces ni son temps et trouvant le moyen de concilier les lourdes charges de son professorat avec les devoirs du citoyen préoccupé de l'avenir de son pays.

Ils savent enfin que lorsque notre à jamais regretté Gambetta forma le ministère qui fit naître tant de légitimes espérances, c'est lui que Paul Bert s'attacha comme collaborateur immédiat.

Mais ce que tout le monde ne sait pas et qu'il m'appartient à moi de divulguer, dût la modestie bien connue de notre jeune ami en subir une atteinte, ce sont les débuts dans la vie de celui qui, je cite ses propres paroles : « Est un enfant du peuple, doit tout ce qu'il est à la démocratie, qui lui a donné à la fois le pain du corps et de l'esprit. »

Né à Lyon de parents peu fortunés, Burdeau a eu de bonne heure sous les yeux les exemples de la lutte pour la vie. — Sa vaillante mère, restée veuve avec une nombreuse famille, l'éleva péniblement mais sans faiblesse, et c'est à son école que Burdeau puisa l'énergie et la force de volonté, qui sont le propre de sa nature.

Boursier au Lycée de Lyon, il y marqua brillamment sa place, montrant dès ses débuts ce qu'il pourrait devenir un jour ; boursier encore à Sainte-Barbe, il fut lauréat du concours général et remporta le grand prix de philosophie (prix des Ecoles), qui n'avait pu être gagné depuis trois ans.

C'est alors que sa généreuse nature lui dicte un acte qui le dépeint tout entier.

Son prix d'honneur constitue une ressource importante. Il en abandonne la valeur pour créer une bourse spéciale.

Admis à l'école normale supérieure, il était à Paris quand se déchaînèrent sur la France les horreurs de la guerre à jamais néfaste de 1870.

Légalement il était dispensé de tout service militaire. Savez-vous ce qu'il fait ? Pour coopérer à la lutte désespérée entreprise par le gouvernement de la Défense nationale, il s'enrôle dans un régiment de chasseurs à pied, fait toute la campagne de l'Est aux côtés de nos vaillants légionnaires du Rhône et se conduit si bravement devant l'ennemi, qu'on lui donne la décoration de la Légion d'honneur.

Burdeau avait alors 20 ans. N'est-ce pas, Messieurs, que je puis au nom de tous lui serrer la main et lui dire :

« Jeune brave, je vous salue respectueusement. »

Cette allocution a été chaleureusement applaudie.

Lyon. — Imp. J. Gallet.

www.ingramcontent.com/pod-product-compliance
Lightning Source LLC
Chambersburg PA
CBHW051318060726
47596CB00004B/1375